워크북

KB144411

받침 탐험대

용궁으로 떠나요

이다원 지음

재단법인 파라다이스 복지재단은 기업이윤의 사회 환원을 통해 더불어 살아가는 사회를 구현하고 미래를 창조하기 위해 1994년 설립되었습니다.

장애인을 비롯한 소외계층의 어려움을 함께 나누고 보다 풍요로운 미래를 디자인 하겠다는 한결같은 열정으로 교육, 치료, 문화, 예술 등 다양한 영역의 복지사업을 수행하고 있습니다.

www.isorimall.com

아이소리몰은 양질의 진단평가도구 및 교재교구 개발 및 보급하기 위해 파라다이스 복지재단의 수익사업으로 2002년 시작되었습니다.

아이소리몰의 판매 수익금은 특수교육, 장애인 인식개선사업, 현장지원사업 등 파라다이스 복지재단의 다양한 사회복지사업에 수익금 전액이 환원되어 장애인 복지증진에 재사용 되고 있습니다.

 https://pf.kakao.com/
_LnxlzK

 isorimall_official

 https://blog.naver.com/
paradisewelfare3296

받침 탐험대

우리는 자신에게 필요한 정보를 얻고 전달하기 위해 읽기 · 쓰기 능력을 사용합니다.

이러한 읽기 · 쓰기 능력은 교과목 학업성취에도 필수적입니다.

읽기 · 쓰기에 어려움을 보이는 아동은 전반적인 학업성취에 어려움을 겪습니다.

임상에서 읽기 · 쓰기 수업을 할 때 느낀 가장 큰 걸림돌은 아동의 좌절입니다.

읽거나 쓸 수 있는 받침은 한두 개뿐인데 책이나 학습자료에는 너무나도 많은 받침이 쏟아져 나옵니다.

아이들은 읽고 쓰는 것에 점점 흥미를 잃어버리는 모습을 보며 마음이 아팠습니다.

'받침 탐험대' 시리즈는 받침을 처음 배우기 시작한 아이들도 동화책 한 권을 스스로 읽는 재미를

느끼게 하고 싶어서 개발하였습니다. 한 개의 받침만 알아도 이야기를 읽고 쓰며

자신만의 동화책을 만드는 경험을 할 수 있습니다.

'받침 탐험대' 시리즈는 읽기 · 쓰기 발달과정을 고려하여 동화책과 워크북을 구성하였습니다.

아이들은 교재 속 음가 학습, 음소 인지, 음소 생략 · 첨가, 읽기 유창성, 덩이글 이해력 증진(짧은 독해),

따라 쓰기, 받아쓰기 활동을 통해 자기주도적인 읽기 · 쓰기를 경험할 수 있습니다.

스스로 무엇인가를 한다는 것은 아주 뜻깊은 일입니다. 아이가 스스로 세상에 내뱉은 첫 낱말,

스스로 내디딘 첫 걸음은 매우 뜻깊고 기쁜 순간입니다.

본 교재를 통해 아이들이 스스로 책을 읽고 쓰는 기쁨을 접하길 바랍니다.

저자_이다원

• 한림대학교 언어병리학 전공, 청각학 부전공
• 이화여자대학교 언어병리학 석사 / 1급 언어재활사

+
https://www.instagram.com/slp_dw/
https://blog.naver.com/slp_dw

2024. 04

이 다 원

구성 및 지도방법

1. 음운 인식

1-1) 음소인지

- 단어 속에서 받침을 인지하고 있는지 확인합니다.
- 인지에 어려움을 보이는 경우 받침 부분만 길게 소리 내어 들려줍니다.
- 소리로만 인지하는 것이 어렵다면, 목표 받침이 포함되는 음절을 찾아 표시하도록 지도합니다.

1-2) 음소첨가

- 목표 받침을 단어 속에서 첨가할 수 있는지 확인합니다.

1-3) 음소생략

- 목표 받침을 단어 속에서 생략할 수 있는지 확인합니다.

1-4) 복습하기

- 목표 받침을 단어 속에서 첨가 또는 생략할 수 있는지 확인합니다.

2. 읽기

2-1) 단어 고르기

- 동화 속 목표 받침이 포함된 단어와, 이상한 단어를 함께 읽도록 지도합니다.
- 이상한 단어(무의미 단어)를 정확하게 읽는지 확인합니다.
- 아동이 스스로 정확하게 적힌 낱말을 고를 수 있게 지도합니다.

2-2) 유창하게 읽기

- 반복적으로 읽으며 시간을 재도록 합니다.
- 단어 사이를 끊어 읽는 등의 오류를 보이면 빗금(/) 표시를 해주어 유창하게 읽도록 지도합니다.

2-3) 짧은 독해

- 덩이글 이해를 통해 단순히 소리 내어 읽는 것을 넘어 글의 의미를 이해하고 있는지 확인합니다.
- 문제에는 목표 받침 이외의 받침도 포함되어 있기 때문에, 지도하실 때 문제를 읽어주시면 좋습니다.

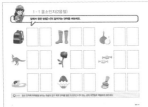

3. 쓰기

- 목표 글자를 반복적으로 쓰고 읽도록 지도합니다.
- 빈칸 채우기나 받아쓰기의 경우 지도자가 동화책을 읽어주고
  아이가 따라 쓰도록 합니다.

4. 쉬어가기

- 총 5개의 쉬어가기 페이지가 있습니다. 목표 받침을 심화 학습하거나,
  동화와 관련 있는 활동으로 구성되어 있습니다.
- 각각의 쉬어가기 페이지에서 얻은 단서로 '전설의 한글약'을 만드는
  재료를 얻을 수 있습니다.

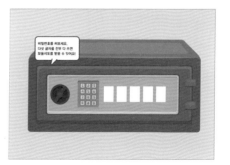

받침 탐험대

용궁으로 떠나요

안녕? 반가워!

받침탐험대에 온 것을 환영해!

보물 지도 속 재료를 모두 모으면

'전설의 한글 약'을 만들 수 있어.

'전설의 한글 약'을 먹으면 어떤 글자를 만나더라도

전부 읽고 쓸 수 있게 된대!

그럼 우리 함께 재료를 찾으러 떠나볼까?

워크북 속 쉬어가기 페이지를 완성한 뒤 97쪽에 있는 금고에 비밀번호를 쓰게 해주세요.
비밀번호가 완성되면 '용궁으로 떠나요' 동화책 59쪽에 있는 조각을 학생에게 제공해 주세요.

목차

받침 탐험대
용궁으로 떠나요

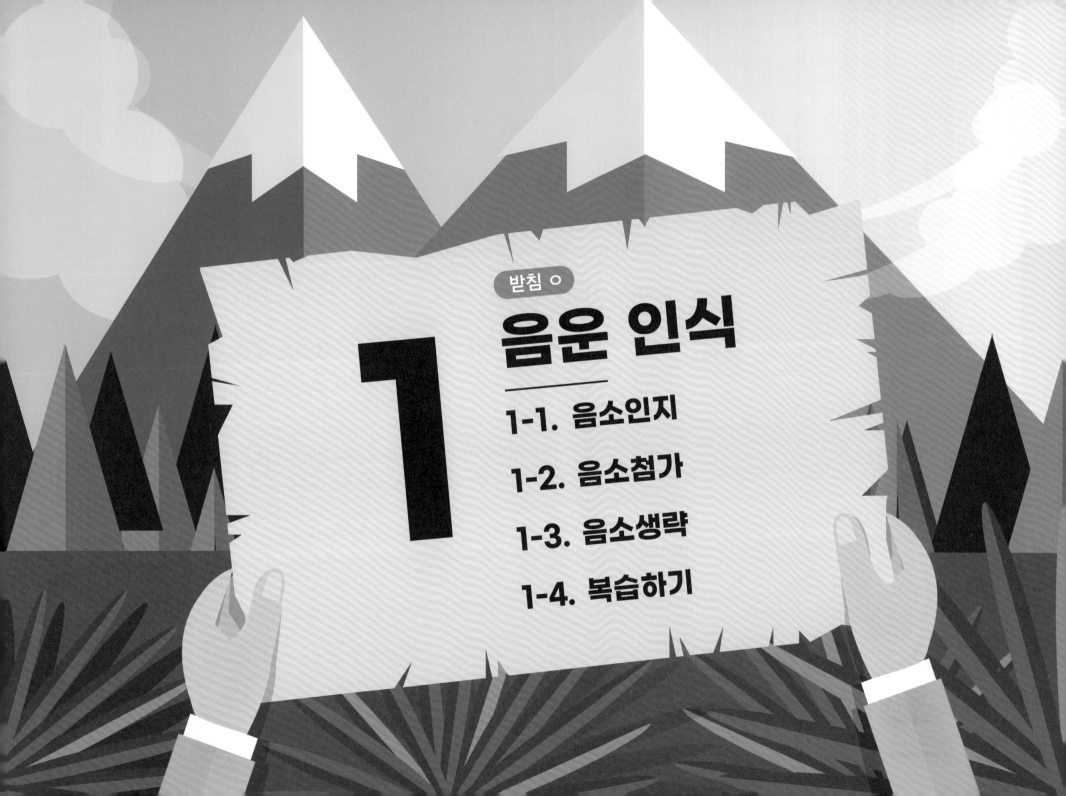

받침 ㅇ

1 음운 인식

1-1 음소인지(1음절)

받침 ㅇ

그림을 보고 단어를 소리 내서 말해본 뒤 받침[ㅇ]이 있으면 O표시, 없으면 X표시를 해보세요.

  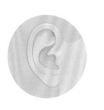  

  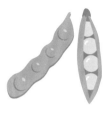  

 TIPS!
1. 학생이 목표 단어와 다르게 말하는 경우 교정해주세요.(예 : 응가 → 똥)
2. 목표 단어는 '용궁으로 떠나요' 동화책 10쪽을 참고하세요.

1-1 음소인지(1음절)

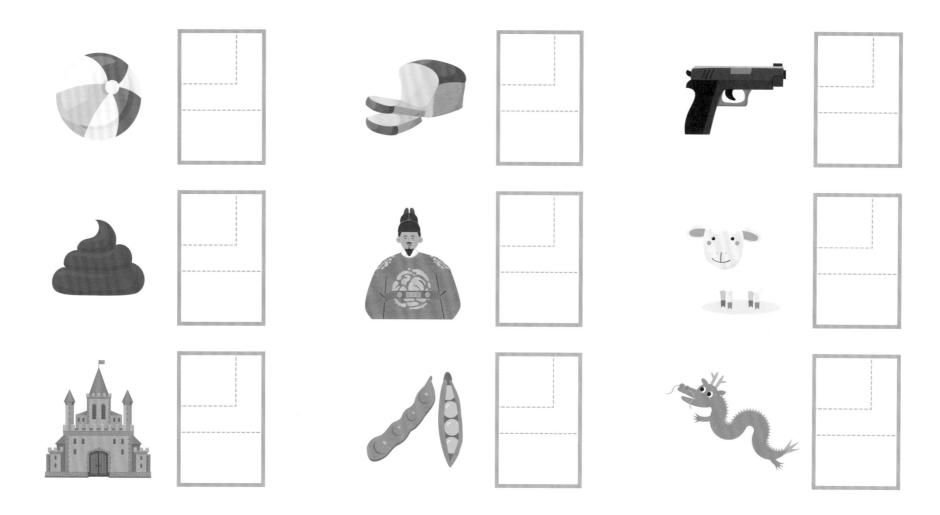

앞에서 찾은 받침[ㅇ]이 들어가는 단어를 써보세요.

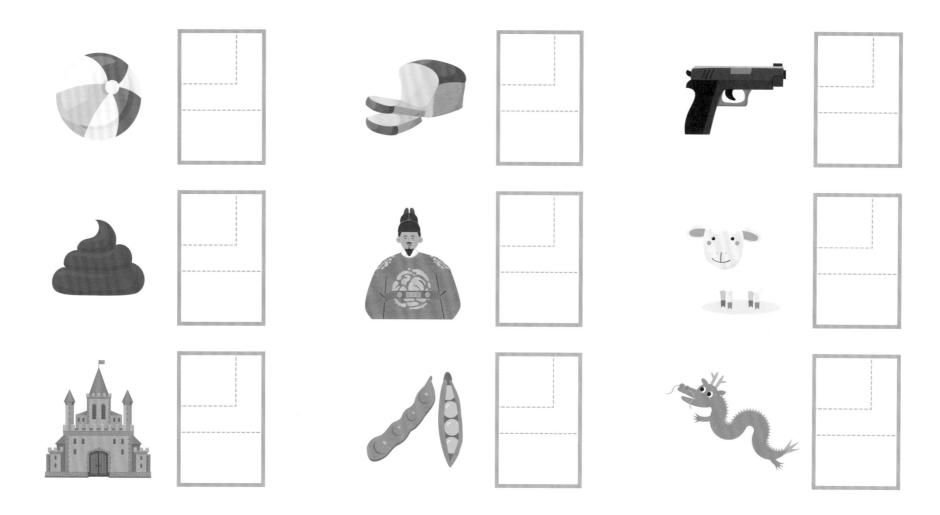

1-1 음소인지(2음절)

그림을 보고 단어를 소리 내서 말해본 뒤 받침[ㅇ]이 있으면 O표시, 없으면 X표시를 해보세요.

홍길동

1-1 음소인지(2음절)

앞에서 찾은 받침[ㅇ]이 들어가는 단어를 써보세요.

TIPS! 음소 인지에 어려움을 보이는 학생의 경우 목표 단어를 말한 뒤 받침[ㅇ]이 있는 곳에 색연필로 색칠하게 해주세요.

1-2 음소첨가

그림을 보고 받침[ㅇ] 소리를 더하면 어떤 소리가 되는지 찾아보세요.

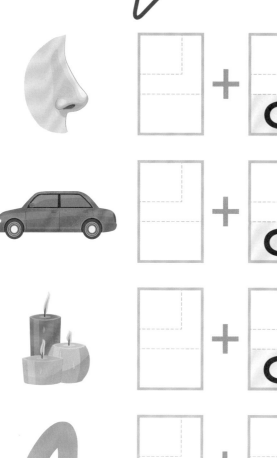

□ + □ O •

•

□ + □ O •

•

□ + □ O •

•

□ + □ O •

•

1-3 음소생략

그림을 보고 받침[ㅇ] 소리를 빼면 어떤 소리가 되는지 찾아보세요.

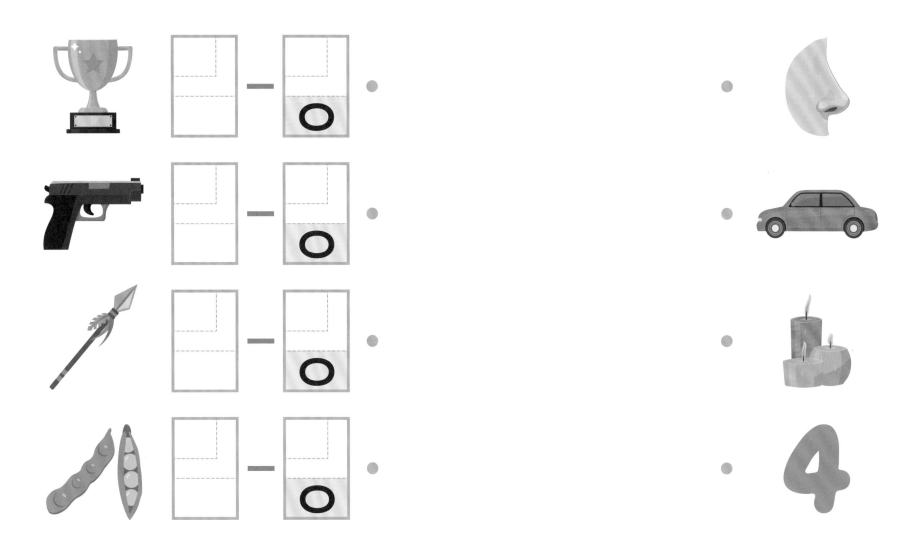

1-4 복습하기

낱말을 듣고 받침[ㅇ] 소리를 더하거나 빼면 어떤 소리가 되는지 말해보세요.

구분	들려주는 문항	정답	학생 반응
1	'벼'에다가 /응/소리를 더하면?	병	
2	'자'에다가 /응/소리를 더하면?	장	
3	'혀'에다가 /응/소리를 더하면?	형	
4	'토'에다가 /응/소리를 더하면?	통	
5	'또'에다가 /응/소리를 더하면?	똥	
6	'양'에서 /응/소리를 빼면?	야	
7	'강'에서 /응/소리를 빼면?	가	
8	'왕'에서 /응/소리를 빼면?	와	
9	'상자'에서 /응/소리를 빼면?	사자	
10	'자랑'에서 /응/소리를 빼면?	자라	

💡 TIPS! 학생은 교재를 보지 않은 채 지도자가 문항을 읽어주세요. 학생이 답을 쓰는 경우, 문제를 다 푼 뒤 답을 직접 확인하게 해주세요.

쉬어가기 1

방에 있는 물건 중 받침[ㅇ]이 들어가는 것을 찾아 동그라미 해보세요.

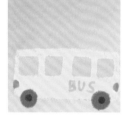

빈칸에 찾은 물건을 써 보세요.

8개 모두 찾아 썼나요? 그렇다면 보물지도를 찾을 수 있는 비밀번호 첫 글자를 알려줄게요.
첫 글자는 바로 '이'에요. 97쪽에 가서 첫 글자를 써 주세요.

단어를 큰 소리로 읽은 뒤 알맞은 단어를 고르세요.

| 요궁 |
| 용궁 |

| 용왕 |
| 용와 |

| 붕엉빵 |
| 붕어빵 |

| 멍게 |
| 머겡 |

| 서겡 |
| 성게 |

| 뻥튀기 |
| 뻥튀깅 |

| 핑망 |
| 피망 |

| 장엉 |
| 장어 |

| 공등어 |
| 고등어 |

2-2 유창하게 읽기

동화를 정확하고 빠르게 읽어 보세요.

"보미야 우리 바다 구경가자"

"그래! 바다로 여행 가서 수영하자"

영호와 보미가 바다로 떠나요.

바다로 풍덩! 수영하다 보니 용궁이 보여요.

오징어 병장과 고등어 병사가 용맹하게 용궁 지켜요.

용궁에서 상어 왕자가 나와요. 키가 무지 커요.

고래 공주와 해마 공주도 보여요.

해마 공주가 노래하고 고래 공주가 구경해요.

[요리 파티 장소 : 중앙 광장]

"중앙 광장으로 모이나 봐"

"우리도 어서 가보자!"

중앙 광장에서 요리 파티가 개최되나 봐요.

"빵 위에 토마토소스, 치즈, 피망 뿌리고~"

소라게 요리사가 피망 피자 요리해요.

"우와 동그라미 모양이 아니라 네모 모양 피자네!"

소라게 요리사의 피망 피자가 나와요.

"저기 장어 요리사가 뭐 하지?"

"당장 가보자!"

장어 요리사의 요리 구경하러 가요.

"붕어빵이다!"

장어 요리사가 붕어빵 구워요.

"(킁킁) 어디서 향기가 나네"

"고소하다. 가보자!"

영호와 보미가 향기가 나서 가보기로 해요.

"쿠키다!"

"모양이 다양하네"

멍게 요리사가 쿠키 구워요.

"뻥!" "어디서 '뻥' 소리가 나지?"

소리가 나서 가보기로 해요.

"뻥이요"

성게 요리사가 콩과 보리로 뻥튀기 튀겨요.

"네모 모양 피망 피자 드세요"

"붕어빵도 드셔 보세요"

소라게와 장어가 쩌렁쩌렁하게 외쳐요.

"하트 모양 쿠키도 드세요~"

"뻥튀기 가져가세요"

여러 명의 요리사가 다양하게 요리하고 나눠줘요.

"모두 고마워. 나중에 또 보자!"

보미와 영호가 봉지에 포장해서 떠나요.

용왕, 고래 공주, 해마 공주, 상어 왕자, 오징어 병장,

고등어 병사, 소라게, 장어, 성게, 멍게 요리사까지

모두 모여 배웅해요.

	1차		2차		3차		4차		5차	
	월	일	월	일	월	일	월	일	월	일
(총 512음절)		초		초		초		초		초

💡 TIPS!
1. 유창하게 읽는 것에 어려움을 보이는 학생에게는 끊어 읽을 수 있도록 빗금(/)표시를 해주세요.
2. 제공되는 녹음파일을 활용해 보세요.

2-3 짧은 독해

동화의 일부분을 소리 내어 읽은 뒤 문제를 풀어 보세요. 문제를 다 풀면 비밀번호 중 하나를 알려줄게요.

"보미야 우리 바다 구경가자"

"그래! 바다로 여행 가서 수영하자"

영호와 보미가 바다로 떠나요.

바다로 풍덩! 수영하다 보니 용궁이 보여요.

1. 누가 바다에 가나요? (정답 2개)

① 호영   ② 수지   ③ 보미   ④ 영호

2. 바다에서 무엇을 보았나요?

① 배   ② 용궁   ③ 사자   ④ 시장

💡 TIPS!   문제 읽는 것을 어려워하는 학생의 경우 지도자가 읽어주세요.

오징어 병장과 고등어 병사가 용맹하게 용궁 지켜요.

용궁에서 상어 왕자가 나와요. 키가 무지 커요.

고래 공주와 해마 공주도 보여요.

해마 공주가 노래하고 고래 공주가 구경해요.

3. 누가 용궁을 지키나요? (정답 2개)

① 오징어   ② 상어   ③ 해마   ④ 고등어

4. 누가 노래를 하나요?

① 오징어   ② 고등어   ③ 해마   ④ 고래

[요리 파티 장소 : 중앙 광장]

"중앙 광장으로 모이나 봐"

"우리도 어서 가보자!"

중앙 광장에서 요리 파티가 개최되나 봐요.

5. 어디에서 요리 파티가 열리나요?

① 용궁　　　　　　② 공원　　　　　　③ 광장　　　　　　④ 집

6. 중앙 광장에서 어떤 파티가 열리나요?

① 생일 파티　　　　② 요리 파티　　　　③ 꽃 파티　　　　④ 바다 파티

"빵 위에 토마토소스, 치즈, 피망 뿌리고~"

소라게 요리사의 피망 피자 요리해요.

"우와 동그라미 모양이 아니라 네모 모양 피자네!"

소라게 요리사의 피망 피자가 나와요.

7. 누가 피망 피자 요리해요?

① 영호   ② 상어   ③ 소라게   ④ 장어

8. 피망 피자는 어떤 모양인가요?

① 동그라미 모양   ② 하트 모양   ③ 세모 모양   ④ 네모 모양

"저기 장어 요리사가 뭐 하지?"

"당장 가보자!"

장어 요리사의 요리 구경하러 가요.

"붕어빵이다!"

장어 요리사가 붕어빵 구워요.

9. 누가 붕어빵 요리해요?

① 소라게   ② 성게   ③ 붕어   ④ 장어

10. 장어가 무슨 요리해요?

① 장어빵   ② 피자빵   ③ 붕어빵   ④ 뻥튀기

"(킁킁) 어디서 향기가 나네"

"고소하다. 가보자!"

영호와 보미가 향기가 나서 가보기로 해요.

"쿠키다!"

"모양이 다양하네"

멍게 요리사가 쿠키 구워요.

11. 누가 쿠키 요리해요?

① 소라게   ② 성게   ③ 멍게   ④ 장어

12. 쿠키의 냄새가 어떤가요?

① 달콤하다   ② 고소하다   ③ 지독하다   ④ 상큼하다

"뻥!"

"어디서 '뻥' 소리가 나지?"

소리가 나서 가보기로 해요.

"뻥이요~"

성게 요리사가 콩과 보리로 뻥튀기 튀겨요.

13. 무슨 소리가 났나요?

① 뽕 ② 빵 ③ 뿡 ④ 뻥

14. 뭐로 뻥튀기를 만들었나요? (정답 2개)

① 콩 ② 성게 ③ 보리 ④ 뻥

"네모 모양 피망 피자 드세요"

"붕어빵도 드셔 보세요"

소라게와 장어가 쩌렁쩌렁하게 외쳐요.

"하트 모양 쿠키도 드세요"

"뻥튀기 가져가세요"

여러 명의 요리사가 다양하게 요리하고 나눠줘요.

15. 몇 명의 요리사가 있나요?

① 한 명   ② 두 명   ③ 세 명   ④ 네 명

16. 요리파티에서 보지 못한 요리는 무엇인가요?

① 피자   ② 뻥튀기   ③ 햄버거   ④ 쿠키

"모두 고마워. 나중에 또 보자!"

보미와 영호가 봉지에 포장해서 떠나요.

용왕, 고래 공주, 해마 공주, 상어 왕자, 오징어 병장, 고등어 병사, 소라게,

장어, 성게, 멍게 요리사까지 모두 모여 배웅해요.

17. 보미와 영호가 무엇을 가지고 떠났나요?

① 용궁   ② 요리   ③ 가방   ④ 공주

18. 떠날 때 하는 인사를 뜻하는 단어는 무엇인가요?

① 마중   ② 배웅   ③ 나중   ④ 병장

쉬어가기 2

문제를 다 풀었나요? 대단해요! 약속대로 비밀번호 중 네번째 글자를 알려줄게요.
메인 네번째 글자는 바로 '나'에요. 97쪽에 가서 네번째 글자를 써 주세요.

메뉴

·
·
·
·

장어의 붕어빵

성게의 뻥튀기

요리파티에 나간다면 어떤 요리를 하고 싶나요? 나만의 가게를 꾸며보세요.

메모

받침 ㅇ

3 쓰기

3-1 단어 쓰기

동화에 나온 단어를 써 보세요.

동화 내용을 따라 쓰고 읽어 보세요.

용궁으로 떠나요.

보미야 우리 바다 구경가자

그래! 바다로 여행 가서 수영하자

영호와 보미가 바다로 떠나요.

바다로 풍덩!
수영하다 보니 용궁이 보여요.

오징어 병장과 고등어 병사가
용맹하게 용궁 지켜요.

용궁에서 상어 왕자가 나와요.
키가 무지 커요.

고래 공주와 해마 공주도 보여요.
해마 공주가 노래하고 고래 공주가 구경해요.

중앙 광장으로 모이나 봐

우리도 어서 가보자!

중앙 광장에서 요리 파티가 개최되나 봐요.

빵 위에 토마토소스,
치즈, 피망 뿌리고~

소라게 요리사가 피망 피자 요리해요.

우와 동그라미 모양이 아니라
네모 모양 피자네!

소라게 요리사의 피망 피자가 나와요.

저기 장어 요리사가 뭐 하지?

당장 가보자!

장어 요리사의 요리 구경하러 가요.

붕어빵이다!

장어 요리사가 붕어빵 구워요.

(킁킁) 어디서 향기가 나네

고소하다. 가보자!

영호와 보미가 향기가 나서 가보기로 해요.

쿠키다!

모양이 다양하네

멍게 요리사가 쿠키 구워요.

어디서 '뻥' 소리가 나지?

소리가 나서 가보기로 해요.

뻥이요

성게 요리사가 콩과 보리로 뻥튀기 튀겨요.

네모 모양 피망 피자 드세요

붕어빵도 드셔 보세요

소라게와 장어가 쩌렁쩌렁하게 외쳐요.

하트 모양 쿠키도 드세요

뻥튀기 가져가세요

여러 명의 요리사가 다양하게 요리하고 나눠줘요.

모두 고마워. 나중에 또 보자!

보미와 영호가 봉지에 포장해서 떠나요.

용왕, 고래 공주, 해마 공주, 상어 왕자, 오징어 병장,
고등어 병사, 소라게, 장어, 성게, 멍게 요리사까지
모두 모여 배웅해요.

쉬어가기 3

그림 속 바다 동물의 이름을 읽어보세요. 받침[ㅇ]이 몇 개 있는지 세어보세요.

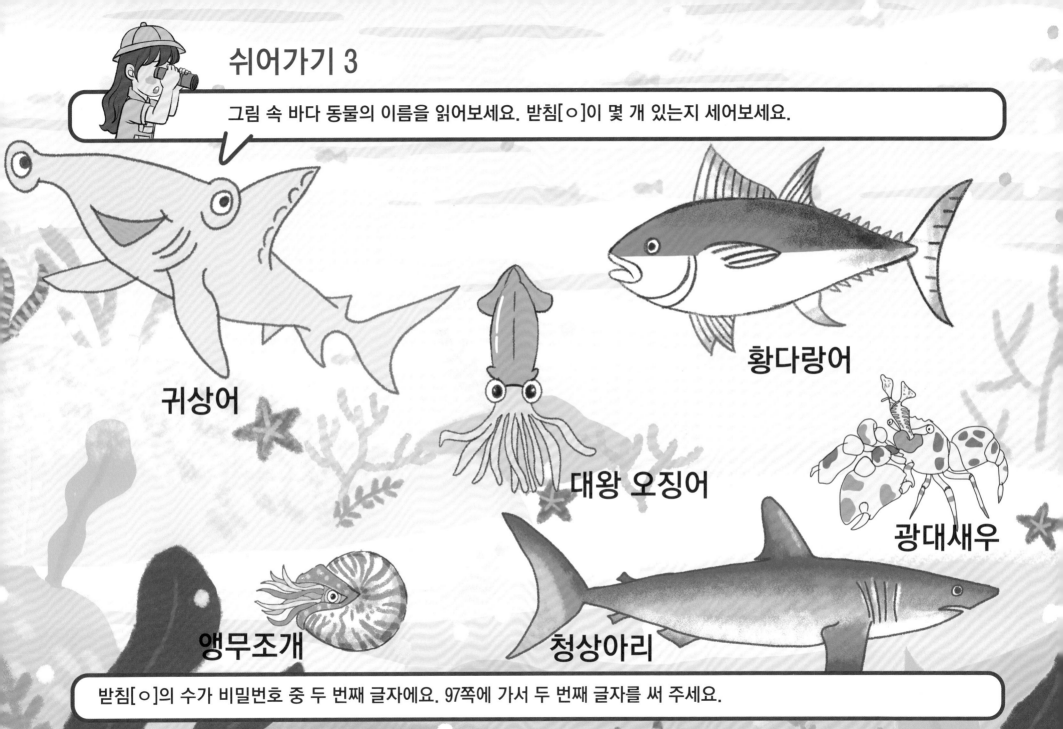

귀상어

대왕 오징어

황다랑어

광대새우

앵무조개

청상아리

받침[ㅇ]의 수가 비밀번호 중 두 번째 글자에요. 97쪽에 가서 두 번째 글자를 써 주세요.

빈칸에 알맞은 단어를 쓰고 읽어보세요.

으로 떠나요.

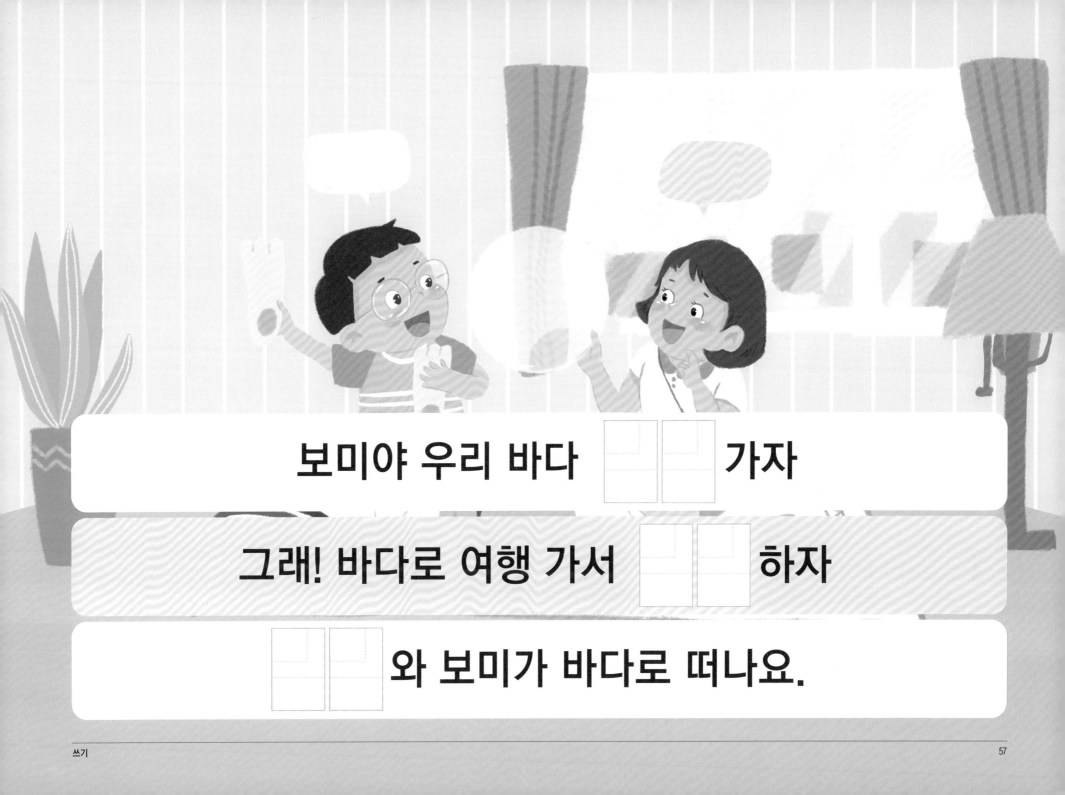

보미야 우리 바다 　　 가자

그래! 바다로 여행 가서 　　 하자

　　 와 보미가 바다로 떠나요.

바다로 ☐☐!

☐☐ 하다 보니 ☐☐ 이 보여요.

☐☐☐ ☐☐ 과 고등어 병사가

☐☐ 하게 ☐☐ 지켜요.

□□ 에서 □□ □□ 가 나와요.

키가 무지 커요.

고래 ☐☐ 와 해마 ☐☐ 도 보여요.

해마 공주가 노래하고 고래 공주가 구경해요.

요리파티
장소:중앙 광장

☐☐ ☐☐ 으로 모이나봐

우리도 어서 가보자!

중앙 ☐☐ 에서 요리 파티가 개최되나 봐요.

⬜ 위에 토마토소스, 치즈, ⬜⬜ 뿌리고~

소라게 요리사가 ⬜⬜ 피자 요리해요.

우와 ☐☐☐☐ 모양이 아니라

네모 ☐☐ 피자네!

소라게 요리사의 ☐☐ 피자가 나와요.

저기 ☐☐ 요리사가 뭐 하지?

☐☐ 가보자!

장어 요리사의 요리 ☐☐ 하러 가요.

□□□ 이다!

□□ 요리사가 □□□ 구워요.

(　　) 어디서 　　가 나네

고소하다. 가보자!

영호와 보미가 　　가 나서 가보기로 해요.

쿠키다!

□□이 □□하네

□□ 요리사가 쿠키 구워요.

어디서 '⬜' 소리가 나지?

소리가 나서 가보기로 해요.

□이요

□□ 요리사가 □과 보리로 □□□ 튀겨요.

네모 □□ □□ 피자 드세요

□□□ 도 드셔 보세요

소라게와 장어가 □□□□ 하게 외쳐요.

하트 ☐☐ 쿠키도 드세요

☐☐☐ 가져가세요

여러 ☐ 의 요리사가 ☐☐ 하게 요리하고 나눠줘요.

모두 고마워. ☐☐☐ 또 보자!

보미와 영호가 ☐☐ 에 ☐☐ 해서 떠나요.

□□, 고래 공주, 해마 공주, 상어 왕자,
오징어 병장, 고등어 병사,
소라게, 장어, 성게, 멍게 요리사까지
모두 모여 □□ 해요.

쉬어가기 4

바닷속에 정어리 떼가 있어요. 글자처럼 보이죠? 97쪽에 가서 세 번째 칸에 정어리 떼가 알려준 글자를 써 주세요. 비어있는 바다에 좋아하는 바다 동물을 그려보세요.

받침 ㅇ

동화를 듣고 받아 쓴 뒤 소리 내어 읽어 보세요.

쉬어가기 5

동화를 다 썼나요? 멋져요! 이제 마지막 비밀번호를 알려줄게요.
다섯 번째 글자는 바로 **'똥'**에요. 97쪽에 가서 다섯 번째 글자를 써 주세요.

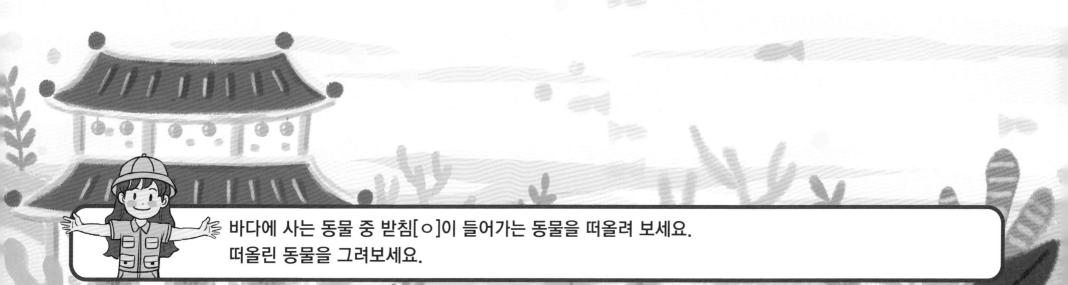

바다에 사는 동물 중 받침[ㅇ]이 들어가는 동물을 떠올려 보세요.
떠올린 동물을 그려보세요.

메모

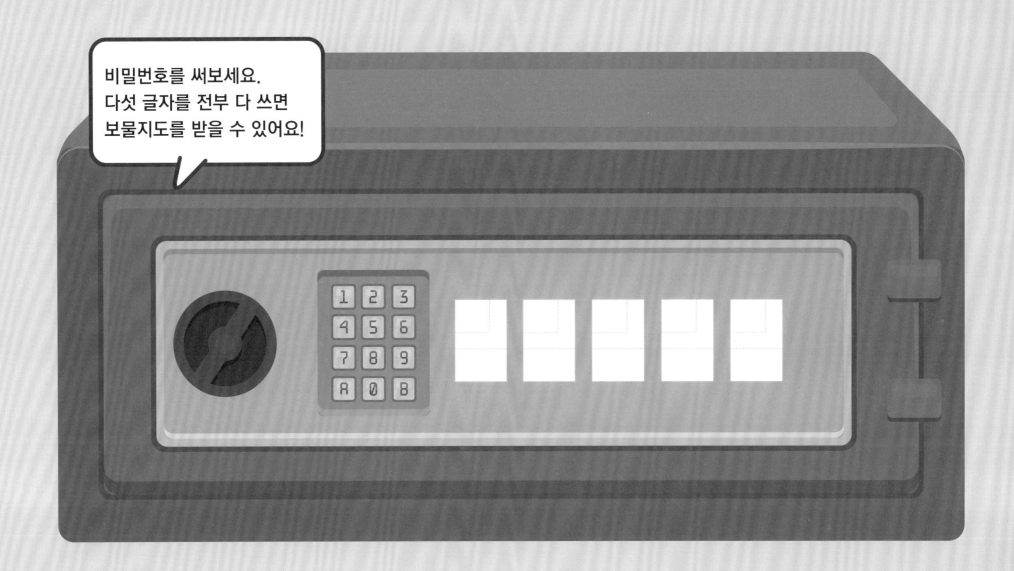

받침 ㅇ

받침 ㄴ

받침 ㅁ

받침 ㄹ

축하해요!
비밀번호를 풀어 지도를 받았군요!
이제 다른 지도 조각들도
모으러 떠나보아요!

상 장

받침
탐험대
용궁으로 떠나요

이름: ☐ ☐ ☐

위 학생은 받침[ㅇ]이 들어가는
동화를 스스로 읽고 쓸 수 있기에
이 상장을 수여함.

_____

20 년 월 일